Silvia Dubovoy

EL REGALO
DE LOS MAYAS

Ilustraciones de **Marta Rivera**

Conoce nuestros productos en esta página, danos tu opinión y descárgate gratis nuestro catálogo.

www.everest.es

Dirección Editorial: Raquel López Varela
Coordinación Editorial: Ana María García Alonso
Maquetación: Cristina A. Rejas Manzanera
Diseño de cubierta: Francisco A. Morais
Diseño de interiores: Álvaro Reyero y Editorial Everest

© Silvia Dubovoy
© EDITORIAL EVEREST, S. A.
Carretera León-La Coruña, km 5 - LEÓN
ISBN: 978-84-241-7999-1
Depósito legal: LE. 440-2013
Printed in Spain - Impreso en España

EDITORIAL EVERGRÁFICAS, S. L.
Carretera León-La Coruña, km 5
LEÓN (España)
Atención al cliente: 902 123 400

ÍNDICE

¿QUÉ PASÓ CON LOS ANTIGUOS MAYAS?

Se habla de un colapso maya que los hizo desaparecer, sin embargo, no se sabe detalladamente lo que pasó. ¿Degradaron el medio en el que vivían y esto redujo sus expectativas de vida? ¿El crecimiento acelerado de la población superó su capacidad para producir alimentos y los llevó a una rápida emigración?

GOLFO DE MÉXICO

En el centro del continente americano, en su ombligo pudiéramos decir, floreció desde el siglo XIX a. C. hasta el siglo XVI d. C. la cultura maya.

Pale

¿Cómo se pudo descifrar la escritura maya?

Yaxchilár

OCÉANO PACÍFICO

¿Por qué los mayas alteraban la forma de sus cuerpos, en particular sus cabezas?

4

¿Qué relación tenía la observación
de los astros con la agricultura?

El Castillo

Chichén Itzá

Calakmul

Tikal

ak

BELICE

MAR CARIBE

Copán

La zona maya abarca
toda la península de
Yucatán y gran parte
de Chiapas y Tabas-
co; todo Guatemala,
Belice, la parte occi-
dental de Honduras y
El Salvador.

¿Cómo enterraban a
sus muertos?

Sigue leyendo y descubrirás muchas
cosas sobre los antiguos mayas.

➤ CRONOLOGÍA

Alejandro Magno vence a los persas, ocupa Egipto y funda Alejandría. En China se inicia la construcción de la muralla.

En el valle de México, Teotihuacan alcanza su máximo esplendor.

En China se desarrolla la imprenta.

En Europa, Carlomagno es coronado emperador del Sacro Imperio Romano Germánico y los árabes introducen el sistema decimal en España.

➤ ANTES DE CRISTO

1000-600:
Primeros centros urbanos, en Belice. Se construye el observatorio de Uaxactún, y se funda la ciudad de Tikal.

322:
Primera arquitectura pública, en Calakmul y otros centros urbanos.

200:
Los mayas ya utilizaban el cero y el sistema vigesimal.

➤ DESPUÉS DE CRISTO

100:
Se registra por primera vez la fecha de un reinado en una escultura maya que representa a un gobernante.

250:
Uso del calendario de 260 días entre los mayas. En él se consignan fechas rituales y de celebración de las deidades.

500:
Fundación de Chichén Itzá en Yucatán.

600-650:
Constantes guerras entre las ciudades mayas por el dominio del área. Esplendor de Palenque, Copán, Tikal y Calakmul.

800:
Florecimiento de la arquitectura maya, Templo I de Tikal. Cerámica tipo códice con elementos de las culturas del centro de México y la región del Golfo.

900:

Fin del periodo Clásico maya e inicio del Posclásico.

998:

Última fecha registrada en Chichén Itzá. Inicio de la decadencia de la cultura maya.

1000-1100:

La ciudad de Chichén Itzá es ocupada por los itzáes. Se construye el observatorio de Chichén y se pintan los murales del Templo de los guerreros.

1200:

Desaparece la nobleza gobernante, pero el pueblo permanece en los mismos distritos.

1400-1492:

Hegemonía del grupo quiché, autores del Popol Vuh.

1502-1519:

Primer encuentro entre mayas y españoles. Jerónimo de Aguilar y Gonzalo Guerrero llegan como náufragos a costas de la península de Yucatán. Ambos aprenden la lengua maya.

1519:

Cortés llega a la isla de Cozumel y Jerónimo de Aguilar se le une como intérprete.

1521-1524:

España conquista México-Tenochtitlan. Cortés domina la península de Yucatán. Comienza la etapa virreinal.

Establecimiento de los aztecas en el altiplano de México.

Carlos I de España, coronado emperador del Imperio Germánico, se convierte en el monarca con la mayor extensión de territorio en el mundo.

➤ ETAPAS DE LA HISTORIA MAYA

Para su estudio, la historia de la civilización maya se ha dividido en tres periodos: Preclásico, Clásico y Posclásico.

PERIODO PRECLÁSICO (1800 A. C. - 250 D. C.)

Se desarrollan los primeros centros urbanos y ceremoniales en las márgenes de los ríos. La población crece y se dedica a la construcción de edificios para sus dioses, al comercio, a la cerámica, la pintura, la escultura, la astronomía. Inventan una escritura que deja constancia de la cultura.

Evoluciona el cultivo del maíz, el frijol, la calabaza y el chile.

PERIODO CLÁSICO (250-909 D. C.)

Es la época de florecimiento. Se intensifican las relaciones con otros pueblos de Mesoamérica.

En el siglo IX, nadie sabe por qué, se produjo el "colapso maya" y muchas de las ciudades fueron abandonadas para luego desaparecer bajo la espesa selva.

Algunas de las ciudades sobresalientes de este periodo fueron Copán, Tikal, Palenque, Calakmul y Chichén Itzá.

PERIODO POSCLÁSICO (900-1524 D. C.)

En esta época llegan diversos pueblos procedentes del área central de México, quienes modifican profundamente el rumbo de la civilización maya. El periodo termina con la conquista española, que puso fin al proceso cultural mesoamericano. A partir de ese momento los mayas quedan sometidos en sus propios territorios.

Hernán Cortés fue uno de los más famosos conquistadores que pisaron tierras mayas para añadirlas al reinado de España.

➤ **EL ESPACIO** DE UNA GRAN CULTURA

Los mayas habitaban 400 000 km² de territorio en el sur de Mesoamérica, donde se distinguen tres grandes áreas: la sur, la central y la norte.

EL QUETZAL
Fue el símbolo de la belleza y la abundancia entre los mayas, por lo que sus plumas eran muy apreciadas por la nobleza.

Los enormes litorales y el clima cálido propiciaban la existencia de una abundante y diversa fauna silvestre en el territorio maya.

➤ ÁREA SUR

La laguna Miramar, en Chiapas, es un buen ejemplo del tipo de paisaje de esta zona.

Meseta alta de origen volcánico. Cuenta con montañas y lagos. Es templada en verano, con intensas lluvias, y seca y fría en invierno. Hay bosques de pinos y encinos, y sobre los troncos de los árboles crecen orquídeas. En ella habitan animales como el coyote, el puma y el quetzal.

Comprende también una zona de costa más cálida de donde los mayas obtenían productos como la sal y el cacao. Es también la zona del jade y la obsidiana.

ÁREA CENTRAL

Selva tropical lluviosa, rica en maderas preciosas. Tiene caoba, cedro rojo, chico-zapote, árbol de hule, palo de tinte, árbol de ramón y ceiba.

En la selva, abundaban los loros, tucanes, águilas y guacamayas. Las plumas de estas aves eran muy valiosas, aunque no tanto como las del quetzal y el colibrí.

Las aves de mayor tamaño, como el faisán y el pavo silvestre, servían de alimento a los mayas. Cazaban también monos, tapires, venados, pecaríes, conejos, tejones, armadillos e iguanas.

La selva Lacandona es un buen ejemplo de la frondosidad característica de esta zona.

Aunque las plumas de los loros eran apreciadas, son las plumas del quetzal y el colibrí se fabricaban penachos y escudos, y además las entretejían en sus vestidos.

En la selva existen cuatro de las serpientes más venenosas: cascabel, coralillo, mazacuata y nauyaca, conocida además como "cuatro narices". Y allí vive la oxcan o boa, cuya carne era muy apreciada por los mayas.

➤ ÁREA NORTE

Tierras calizas y planas de la península de Yucatán. Zona seca y calurosa. Su vegetación está formada de arbustos. En ella crecen dos tipos de magueyes: el henequén —del cual se extrae una fibra para hacer cuerdas y morrales— y el sisal, cuya fibra se usa para tejer hamacas.

Como la zona carece de ríos, los mayas almacenaban agua de lluvia en los chultunes. En el área hay, además, manglares, humedales y depósitos subterráneos de agua llamados cenotes.

En el mar había tiburones, rayas, tortugas y manatíes. Con las espinas de pescado los mayas fabricaban agujas de coser; utilizaban las conchas de almejas, ostiones y caracoles en joyería; las conchas de caracol marino les servían de instrumentos musicales de viento.

Manatíes. Navegando en aguas americanas, los españoles confundieron a estos animales con sirenas por su forma de cantar.

Además de consumir la miel y utilizar la cera de las abejas autóctonas (un tipo de abeja carente de aguijón), los mayas comerciaban con esos productos.

Con los dientes de tiburón, los mayas hacían adornos.

Las tortugas podían moverse por el agua o la tierra; a este animal se le atribuían poderes sobrenaturales. Con los caparazones debidamente pulidos se fabricaban adornos, peines e instrumentos musicales.

➤ LOS MAYAS Y EL MAÍZ

Los mayas basaban su dieta en el maíz, por lo que los hombres dedicaban gran parte de su tiempo a la siembra.

Utilizaban la rotación de cultivos y el sistema de "roza y quema", para el cual delimitaban la superficie a sembrar, derribaban los árboles y, ya secos, los quemaban junto con la maleza. Las cenizas resultantes eran un abono magnífico para el desarrollo de las plantas.

Cuando la cosecha de maíz escaseaba, los antiguos mayas recurrían también a la semilla del árbol de ramón, que cocida y molida puede mezclarse con la masa de maíz para hacer tortillas y tamales.

VARIOS TIPOS DE MAÍZ

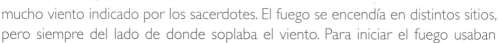

Uno maduraba en dos meses y medio, otro en cuatro, y el tercero en seis. Cuando el maíz maduraba, los campesinos doblaban las cañas para que las mazorcas miraran hacia el suelo y la lluvia no las llenara de humedad y hongos. Así evitaban, además, que los pájaros desgarraran la cubierta y devoraran el grano.

La quema se hacía en febrero y marzo, cuando el sol es más ardiente, en un día de mucho viento indicado por los sacerdotes. El fuego se encendía en distintos sitios, pero siempre del lado de donde soplaba el viento. Para iniciar el fuego usaban antorchas hechas de la rama de un árbol llamado *catzim* e invocaban al viento soplando constantemente para que éste continuara hasta que el área de la siembra se hubiera quemado por completo. A los bosques, húmedos aún para esas fechas, nada les sucedía.

El maíz contiene muy poca agua, lo que contribuye en las zonas húmedas a que pueda conservarse muchos meses sin que se enmohezca.

Para poder alimentar a la creciente población, construyeron terrazas de cultivo en las laderas de los cerros y en las áreas pantanosas próximas a ríos de cursos lentos, especialmente en el área que hoy ocupa Belice.

Los mayas utilizaban canales de riego para cultivar sus tierras. En Edzná, por ejemplo, se han encontrado 25 kilómetros de canales, con los que regaban 450 hectáreas. En las zonas pantanosas, por el contrario, desecaban el terreno y lo volvían fértil.

La siembra comenzaba la primera semana de mayo. Los agricultores depositaban semillas de maíz, frijol y calabaza en agujeros hechos con una vara cuya punta estaba endurecida al fuego. Los agujeros se hacían en línea recta, con un paso de distancia entre uno y otro, y posteriormente se tapaban con el pie.

Para la siembra utilizaban una vara (*xul*), un hacha de piedra (*bat*), y una bolsa de fibra (*chem*) o una concha de armadillo para transportar las semillas.

➤ POR AGUA Y POR TIERRA

Las culturas de Mesoamérica se relacionaron como una unidad cultural gracias al comercio.

Los mayas tenían rutas marítimas y fluviales (por mares y por ríos), y los comerciantes navegaban bordeando la península de Yucatán hasta Guatemala y las islas del Caribe, y a lo largo de los cursos de los ríos Usumancita, Grijalva, Candelaria, Motagua, Mopán y Belice.

ANTES DEL DINERO...

La mayoría de las transacciones se llevaban a cabo mediante el trueque, pero el cacao, los cascabeles, las cuentas de jade, las conchas rojas, y en épocas posteriores las hachuelas de cobre, se usaban como moneda.

Contaban, además, con rutas terrestres, caminos llamados *sacbeob*, y tenían mercados fijos y mercados ambulantes dependiendo del calendario de las festividades.

Isla Cerritos

Isla Mujeres
Cancún

_FO DE MÉXICO

Xcaret
Playa del Carmen
Akumal
Xel-Há
Tulum

Cozumel

Isla de Jaina

Campeche

Champotón

Isla del Carmen

Tixchel

Xicalango

Ambergis Cay

GUATEMALA

MÉXICO

GOLFO DE HONDURAS

Wild Cane Cay

RUTAS COMERCIALES DE NAVEGACIÓN

Navegaban en lanchas llamadas *cayucos*, hechas de troncos ahuecados, las cuales impulsaban con remos.

➤ HABÍA DOS TIPOS DE COMERCIANTES

El *ah ppolom yoc*, mercader que tenía sus propias embarcaciones con personas que le asistían.

El *ppolom*, que llevaba su mercancía a las espaldas e iba de puerta en puerta ofreciendo sal, cacao, algodón, pescado, copal, conchas marinas, hebras de pelo de conejo teñidas de colores, obsidiana, orejeras, piedra de alumbre, grana (tinte rojo) y hierbas olorosas.

Los relatos de la vida del pueblo maya se transmitieron de boca en boca durante miles de años, hasta que, a partir de siglo XVI, algunos mayas que conocían el latín se propusieron contar su historia y sus tradiciones en su propia lengua, pero escrita con el alfabeto latino. Ciertos relatos están basados también en información tomada de los códices que se conservaron.

EL CHILAM BALAM toma su nombre de un profeta que predijo la llegada de "los hombres blancos". Contiene datos cronológicos sobre medicina e historia, así como la descripción de ritos y mitos.

EL RABINAL ACHÍ es la historia de un héroe, escrita para ser representada por personajes que usan máscaras y danzan a lo largo del relato.

EL LIBRO DE LOS CANTARES DE DZIBALCHÉ conserva algunos cantares antiguos, registrados en el siglo XVIII.

Los ANALES DE LOS CAKCHIQUELES O MEMORIAL DE SOLOLÁ tratan temas históricos y contienen relatos y mitos acerca del origen del mundo y del hombre.

EL POPOL VUH

En 1558, un indígena se ocupó de narrar un grupo de bellas historias conservadas por sus antepasados. En 1701, el padre Francisco Ximénez encontró ese manuscrito en su parroquia de Santo Tomás de Chichicastenango, Guatemala, y lo tradujo al español. Está escrito en lengua quiché.

En él se describe el origen de los dioses del pueblo maya, su relación con los hombres, la historia de sus gobernantes y demás creencias acerca de la creación de la tierra y de todos los seres que la habitan, con un bello lenguaje, lleno de poesía.

➤ ...Y ASÍ FUERON CREADAS LA TIERRA Y EL AGUA

Según lo narra el *Popol Vuh*, al principio todo estaba en suspenso y en silencio. No había movimiento, ni gente, ni animales, ni pájaros, ni peces, ni piedras, ni barrancos, ni montañas. Sólo estaba el cielo. Como no había nada, tampoco había ruido en la tierra.

Solamente los creadores, Tepew y Q'uk'umatz, estaban sobre las aguas, rodeados de luz, cubiertos con las plumas verdes y azules del quetzal. Juntando sus palabras y sus pensamientos, decidieron iniciar la creación. Como todo era oscuro, Tepew y Q'uk'umatz levantaron el alba para que amaneciera y hubiese día.

Después fue hecha la tierra; se formaron los montes y los valles, y la tierra se cubrió con plantas, árboles y bejucos. Las aguas se separaron; se formaron los mares y los lagos, y los ríos buscaron sus cauces entre los barrancos al crearse las altas montañas. Así la tierra se elevó sobre las aguas.

...Y ASÍ FUERON CREADOS LOS ANIMALES

Los creadores quisieron que hubiera vida bajo los árboles y los bejucos, e hicieron a los animales pequeños del monte, a los venados, los pájaros y los jaguares. Crearon luego a las serpientes y a los guardianes de los bejucos.

A cada especie le fueron dando su lugar para vivir.

Luego, pidieron a los animales que les dieran las gracias por haberlos creado.

Los animales trataron de hablar, pero nada más chillaban, graznaban, aullaban o rugían.

Como no hablaron ni dieron gracias a los dioses por haberlos creado, desde ese momento en adelante sus carnes serían comidas. Ése fue su destino.

➤ ...Y EL HOMBRE FUE HECHO DE MAÍZ

Por último, los creadores quisieron que el hombre existiera. Tras muchos intentos, decidieron hacer cuatro hombres de maíz blanco y de maíz amarillo. Luego, llenaron nueve jícaras de bebida de maíz blanco y amarillo para darles fuerza. Estos primeros hombres pudieron hablar, ver y oír. Y tuvieron inteligencia. Podían incluso ver todo lo que había en el cielo y sobre la tierra. Al ver todo cuanto había en el mundo, dieron gracias.

Los creadores pensaron que no estaba bien que los hombres se igualaran a ellos. Entonces echaron vaho sobre sus ojos y su vista quedó empañada. Desde entonces los hombres sólo pudieron ver lo que estaba cerca.

Luego, los creadores decidieron hacer a las esposas de los cuatro hombres creados. Durante la noche, mientras dormían, éstas aparecieron a su lado. Cuando despertaron, las vieron junto a ellos y se pusieron contentos.

Estas cuatro parejas se multiplicaron y dieron origen a todos los pueblos.

Los textos mayas más tempranos de los que se tiene conocimiento se remontan al siglo I a. C., mientras que los más tardíos, como el Códice Madrid, fueron escritos probablemente a lo largo del siglo XVI.

Hoy en día se pueden encontrar inscripciones mayas en diferentes objetos y muros conservados en zonas arqueológicas y museos: altares, escaleras, estelas, vasijas, adornos y códices.

La escritura maya puede describirse lingüísticamente como un sistema logo-silábico, es decir, está compuesto por signos que representan palabras completas (logogramas) y sílabas.

Consta de más de 1000 glifos o caracteres; sin embargo, si tenemos en cuenta que muchos de estos glifos son variaciones del mismo signo, que hay glifos distintos con la misma lectura, y que probablemente determinadas variantes fueron utilizadas en épocas y áreas determinadas, el número total de glifos empleados no excedió de los 500.

En el ejemplo siguiente, el término para montaña, *witz*, aparece escrito de tres formas distintas, aunque en todos los casos la lectura es *witz*. El glifo de la izquierda es un logograma, mientras que el del centro es un logograma junto con un complemento fonético. Pero montaña, *witz*, también puede escribirse haciendo uso del alfabeto silábico, como ocurre en tercer lugar.

witz

wi

witz

wi

tzi

CÓMO SE LOGRÓ DESCIFRAR LA ESCRITURA MAYA

En 1566, el obispo español Diego de Landa realizó un manuscrito titulado Relación de las cosas de Yucatán, *en el que, entre otras cosas, recogía lo que él pensaba que eran los caracteres alfabéticos mayas en relación a nuestro alfabeto.*

Sin embargo, estudios posteriores vinieron a demostrar que el alfabeto del clérigo español no tenía mucha utilidad. Fue siglos más tarde, cuando un científico ruso, Yuri Knorozov, al finalizar la Segunda Guerra Mundial y entrar en Berlín como soldado del ejército soviético, encontró cerca de la Biblioteca del Reich unas cajas con libros que los alemanes no alcanzaron a esconder. En ellas había una edición del libro de Diego de Landa sobre la cultura maya, y reproducciones de tres códices.

ALFABETO DE LANDA

Tras someter el alfabeto Landa a examen, Knorozov se dio cuenta de que el obispo no había entendido bien a sus informantes, puesto que en dicho alfabeto cada signo no equivalía a una letra sino a una sílaba. Ello supuso un gran avance en las investigaciones que sobre transcripciones mayas se realizaron con posterioridad.

CÓDICES

Una buena parte de la información sobre los mayas está plasmada en pliegos de un tipo de papel llamado *copó*, en maya, y sobre pieles de venado preparadas para ese fin.

Antes de escribir o pintar sobre ellas les daban un baño de cal para que su superficie quedara suave, tersa y blanca, casi como las hojas de este libro.

Pintaban sus jeroglíficos en columnas junto a las imágenes de sus dioses.

Dividían las páginas con líneas rojas en dos, tres y hasta cuatro secciones horizontales.

Usaban el rojo oscuro, el rojo claro, el azul, el amarillo, el gris, el verde y un negro muy intenso.

Las tiras de papel de los códices medían varios metros de largo, por lo que debían doblarlas como biombo para poder guardarlas.

Escribían y pintaban con plumas de aves y pinceles hechos con pelo de animales. Guardaban sus códices en cajas con tapas de madera labrada o les ponían una cubierta de piel de jaguar.

Antes de la llegada de los españoles, los mayas conservaban un gran número de códices, pero debido a que el padre Landa pensó que algunos de los datos que contenían eran pura idolatría, dio la orden de quemarlos. Por fortuna, algunos en los que se puede apreciar la belleza y la sabiduría del pueblo maya se salvaron.

Estos códices, que fueron trasladados durante largos años de un lugar a otro por diferentes causas, ahora se encuentran en sitios distintos y se les conoce con los siguientes nombres:

El Códice Trocortesiano o de Madrid (que actualmente se encuentra en esta ciudad) mide 7.15 metros de largo y está compuesto por 56 hojas (112 páginas), ninguna de las cuales está en blanco.

El Códice de Dresde (actualmente en Austria) mide 3.50 metros de largo y tiene 39 hojas (78 páginas), pero cuatro de ellas están en blanco.

El Códice Peresiano (se encuentra en París) es sólo un fragmento. Mide 1.45 metros de largo y consta de 11 hojas (22 páginas), sin que ninguna de ellas esté en blanco.

➤ EL CARACOL QUE PUEDE CONTAR EL UNIVERSO

Los mayas dominaban una de las máximas expresiones del pensamiento abstracto: las matemáticas. Para ello contaban con una extraordinaria herramienta: el símbolo para representar el cero, signo numérico que por sí mismo carece de valor, pero que lo adquiere al relacionarse con los otros números.

No fueron los mayas quienes inventaron el cero, sino los mixes zoques hacia el siglo II a. C., descendientes de la cultura olmeca, la más antigua de todas las culturas mesoamericanas. El cero era para los mayas un símbolo que significaba plenitud, es decir, que el número era completo y no le faltaba nada.

Los numerales mayas tenían dos variantes: los numerales geométricos y los numerales en forma humana. Estos últimos eran los que se solían utilizar para fechamientos y numerales monumentales.

NUMERALES GEOMÉTRICOS

Para esta representación de los números, los mayas crearon tres símbolos: el **punto**, que equivale a 1 unidad, la **raya**, que equivale a 5 unidades, y la **concha de mar**, que representa el 0.

- A diferencia de nuestro sistema numérico decimal (que crece de diez en diez), el de los mayas era vigesimal (de veinte en veinte) pues al contar utilizaban los dedos de las manos y los pies.

- Otra diferencia con nuestra escritura es que los números crecen hacia la izquierda del punto decimal, mientras que los mayas crecen en dirección ascendente en una cuadrícula.

No olvidemos que el sistema numérico de los mayas era vigesimal, por lo tanto, sus primeros 19 números se representaban combinando estos tres signos de la manera siguiente:

0	5	10	15
1	6	11	16
2	7	12	17
3	8	13	18
4	9	14	19

Pero, ¿cómo se representaban los números 20 y siguientes? Para ello se utilizaba una cuadrícula: dependiendo de la posición que un símbolo tuviese en ella, su equivalencia variaba. Fíjate en el siguiente ejemplo:

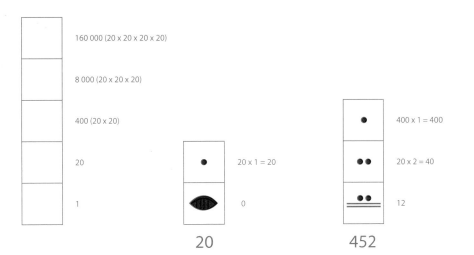

Con este sistema númerico, los mayas podían ejecutar las cuatro operaciones fundamentales: suma, resta, multiplicación y división, ayudándose para ello con la construcción de tablas de multiplicar y la utilización de una especie de ábaco.

Numerales en forma humana

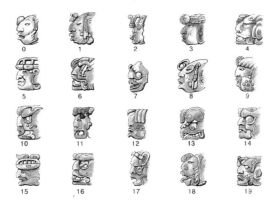

A partir de su concepción numérica, los mayas determinaron con exactitud los ciclos lunares, solares y venusinos, así como las conjunciones de varios cuerpos celestes. En sus observatorios, como el de Chichén Itzá, que aparece a la derecha, estudiaban también el ciclo lunar. Sus conocimientos astronómicos eran tan exactos que elaboraron tablas de los eclipses solares.

➤ **TEJIDOS:** LO EFÍMERO Y LO INMORTAL

Un elemento efímero de la antigua cultura maya son sus textiles, que, sin embargo, no desaparecieron del todo, pues gran parte de su confección y diseño se conserva hasta nuestros días por medio de sus esculturas, pinturas, narraciones, cerámica y restos mismos de telas bordadas, rescatadas de zonas arqueológicas.

Su elaboración estaba a cargo de las mujeres, con la ayuda de los llamados telares de cintura, que servían para confeccionar diferentes prendas:

El hilado, el urdido y el tejido de sus vestidos se destaca por los ricos y variados diseños geométricos, sus brillantes colores y el simbólico sentido de sus ornamentos.

LA DIOSA SERPIENTE

Según la leyenda, Kukulkán es una víbora vieja a la que le crecieron plumas y vive en los cenotes a la espera de castigar a las mujeres que no cumplan con sus deberes, incluido el tejido. De los diseños más representativos se distingue el de "S" o "serpiente emplumada", a quien le rinden culto las tejedoras por ser la diosa protectora de su oficio.

➤ POK'TA POK': EL JUEGO DE PELOTA

Los antiguos mayas practicaban un juego ritual del cual nos ha quedado testimonio en la arquitectura de sus ciudades.

Una cancha de juego de pelota era como el cielo, y la pelota, en su ir y venir, como el movimiento de los astros. El campo de juego tenía forma de "I". Dos muros paralelos e inclinados corrían a lo largo del campo, uno frente al otro. En cada uno había tres discos o anillos de piedra a distancias iguales entre sí, eran los marcadores por los cuales pasaba la pelota.

Dos equipos jugaban con una pelota de hule de 30 centímetros y siete kilos de peso. La pelota podía golpearse con el antebrazo, el hombro, la espalda o la cadera. No debía tocarse con el pie o con la mano.

Los jugadores se protegían con guantes, rodilleras y con una especie de faldilla hecha de cuero de venado o piel de jaguar, sujeta con un cincho de cuero. En el antebrazo llevaban un vendaje de tela de algodón o fibra de maguey, para no rasparse.

➤ TIKAL: LAS PIRÁMIDES DE UN AMOR

Tikal fue fundada en el año 800 a. C., en lo que ahora es Guatemala, en la zona del Petén. Fue la metrópolis más grande de la civilización maya y tuvo su esplendor en el periodo Clásico (600-800 d. C.).

En Tikal existen una estela y un altar. En ellos, dos personajes negocian unos huesos y un cráneo. La inscripción explica que el rey Jasaw Chan K'awil hizo todo lo posible por recuperar los restos de su difunta esposa, sepultada en otra ciudad, para que su tumba no fuera dañada en alguna invasión bélica.

Hoy sobresalen entre la vegetación el templo del Gran Jaguar, monumento sepulcral para Jasaw Chan K'awil, y el de las Máscaras, consagrado a su esposa, mirándose uno al otro como testimonio de un amor que mil años no han podido aniquilar. Sus cinco templos-pirámides son las construcciones más elevadas del área maya.

PARA EL MUNDO DE LOS HOMBRES, PARA EL MUNDO DE LOS DIOSES

Parte de la arquitectura monumental maya proviene de la forma de las chozas. Las chozas, igual que los templos, se elevan sobre una plataforma. De barro la de la choza, de piedra la de las pirámides.

Los techos de templos y chozas eran inclinados para propiciar el escurrimiento rápido del agua de lluvia.

Varas entretejidas recubiertas de lodo forman los muros de las chozas; los de los templos y palacios son de piedra recubierta de estuco pintado.

➤ CALAKMUL: EL RUGIDO DE LA GUERRA

Calakmul fue fundada alrededor del 300 a. C, en lo que ahora es el sur de Campeche, en la zona del Petén. Tuvo su esplendor en el periodo Clásico entre el 600 y el 800 d. C.

GOLFO DE MÉXICO

CALAKMUL

MÉXICO

BELICE

MAR CARIBE

OCÉANO PACÍFICO

GUATEMALA

HONDURAS

En medio de la selva, entre la densa niebla matutina y el grito de los monos aulladores, aparece Calakmul.

El emblema de la ciudad era la cabeza de serpiente, pues Calakmul fue cabecera al igual que Tikal, Copán y Palenque.

El diseño de esta ciudad era simbólico: la superficie de la plaza representaba el mar; las pirámides, las montañas; las escaleras, el camino entre el mundo de los hombres y el de los dioses.

Alrededor de plazas y patios se construyeron conjuntos palaciegos, juegos de pelota, tumbas y dos grandísimas pirámides. De ellas toma su nombre Calakmul, que significa "dos montículos contiguos".

Calakmul fue una superpotencia, capital del cuchcabal, y su plaza fue punto de confluencia de fuerzas religiosas, militares, políticas, económicas y sociales de todo el territorio dominado por ella. La cantidad de edificios fue signo de su poderío, de los tributarios que tuvo y de la extensión de su imperio.

ETERNOS RIVALES

Uno de los sucesos más dramáticos de Calakmul fue la captura de su señor, Pata de Jaguar, uno de sus más notables gobernantes, por Jasaw Chan K'awil, señor de Tikal. Y es que Calakmul y Tikal fueron enemigos desde siempre. A veces predominaba uno, a veces otro, y al final terminaron los dos exhaustos.

➤ BONAMPAK: LA VICTORIA DEL COLOR

Se cree que Bonampak fue poblada desde el año 540 d. C., pero las pinturas que la han hecho famosa fueron realizadas hacia el año 800 d. C. durante las últimas fases del esplendor de este sitio.

Ubicada en la selva lacandona, al noroeste de Comitán, Chiapas, Bonampak fue nombrada así por el investigador S. Morley, quien la identificó como el "lugar de los muros pintados".

En 1946, un guía maya condujo al fotógrafo G. G. Healey a las ruinas de un templo maya. En una de sus estancias, el fotógrafo se encontró ante unos maravillosos murales. Se había descubierto un centro religioso compuesto por 11 edificios y una plaza central.

Las sales del agua que durante siglos cayeron por la bóveda impidieron que el estuco se desprendiera y así los murales se conservaron por más de 1 200 años.

Los murales de Bonampak relatan que el rey Chaan Muan, a petición de su vecino Lacanhá, fue a la guerra. Hay dibujos de más de cien guerreros peleando cuerpo a cuerpo y escenas donde el rey y sus acompañantes derriban a un enemigo. La lanza de éste se rompe y su escudo cae. Estos murales se mandaron pintar para conmemorar victorias y rituales, pero otros muestran animales y actividades cotidianas.

Otra escena representa, en cálidos tonos rojizos, a la corte elegantemente vestida: hombres flacos y gordos, ataviados con capas, tocados y pectorales, bailan. Todo es movimiento. Se cree que bailan porque sólo tienen apoyados los dedos de los pies, como en el ballet. Los músicos, en tanto, acompañan el baile tocando instrumentos varios, entre los que se distinguen los tamborcillos o *tunkules*.

EL ARTISTA EN SU TALLER

Para pintar, los artistas molían sus pigmentos y, pincel en mano, cubrían los muros con escenas domésticas, festivas y de guerra. Pintaban mientras la cal estaba fresca y luego la dejaban secar. Con rojo y negro delineaban las figuras y las rellenaban después. Para dar distintos tonos, superponían los colores.

> PALENQUE: CUANDO LAS PIEDRAS HABLAN

Su antigüedad se remonta al siglo IV d. C., pero vivió su esplendor entre los siglos VII y VIII d. C. Se calcula que ocupaba cerca de 8 kilómetros.

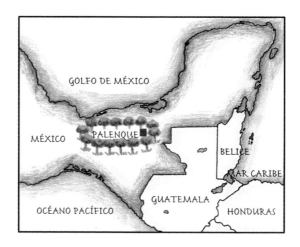

Limita al norte, con un acantilado y al sur con la sierra de Chiapas. Su nombre original fue Otulum, en lengua chol, pero la palabra Palenque se la adjudicó un conquistador español, para identificarlo como sinónimo de "sitio de defensa de madera".

I. Templo de la Cruz; II. Templo del Sol; III. Templo de la Cruz Foliada; IV. Templo de las inscripciones; V. El palacio; VI. Juego de pelota.

Se cuenta que muchos años antes de morir, K'inich Hanab Pakal, rey de Palenque, ordenó la construcción del sitio donde quería ser sepultado. Lo imaginó como una pirámide de nueve niveles desde los cuales su cuerpo descendería a su última morada. En lo alto del templo mandó escribir su historia. Pakal pidió que se esculpiera una lápida para colocarla sobre su tumba. Esa lápida, en bajorrelieve, es una de las piezas más impresionantes de la cultura maya.

CORTEJO REAL

A la muerte de Pakal, le colocaron en la boca una cuenta de jade y entre los labios masa de maíz para que nada le faltara en la otra vida. Envolvieron su cuerpo en lienzos de algodón y lo velaron durante tres días.

El cortejo salió de palacio. En lo alto de la pirámide se quemaba copal para ahuyentar a los malos espíritus. Una vez en la pirámide, bajaron por la escalinata y recorrieron el camino hacia el último nivel.

Allí colocaron el cuerpo en su tumba, lo pintaron de rojo cinabrio, color de la inmortalidad y del oriente, lugar por donde sale el sol cada mañana, y le cubrieron la cara con una máscara de jade que repetía los rasgos de su rostro. En sus manos acomodaron un dado y una esfera de jade, recordando así que había sido intermediario entre dioses y hombres y había gobernado con sabiduría. Al final sellaron la tumba y colocaron la lápida que él mismo había mandado labrar muchos años antes de su muerte.

➤ COPÁN: MONUMENTAL LIBRO DE PIEDRA

Ubicada en uno de los extremos del área maya, en los linderos entre Guatemala y Honduras, se halla la cuenca del río Motagua, lugar donde se encuentra el valle de Copán el cual se caracteriza por sus fértiles tierras y abundante agua. El esplendor de esta ciudad tuvo lugar en los siglos VII y VIII durante el Clásico tardío.

Copán se distingue de las demás grandes metrópolis mayas por la belleza de las estelas que adornan la Gran Plaza, principal explanada del recinto sagrado.

Llegar a la ciudad de Copán es llegar a un extenso campo sembrado de esculturas. Se llaman estelas y son enormes bloques de piedra que pueden tener la altura de tres hombres, uno encima del otro, y la anchura de uno con los brazos abiertos. Algunas permanecen en pie, otras yacen en el suelo. Las hay esculpidas hasta el más mínimo hueco; las hay trabajadas únicamente por el frente, y las hay lisas, que en algún tiempo estuvieron cubiertas de estuco y pintadas. Pocas conservan rastros de pintura, pero todas guardan secretos ancestrales. Las estelas retratan gobernantes ricamente ataviados o describen escenas de guerra y rituales de la vida cotidiana.

Caminar en Copán es caminar entre los restos y murmullos de un naufragio que hoy no acabamos de entender porque los glifos son palabras esculpidas en este monumental libro de piedra.

LA ESCRITURA DE LA HISTORIA

Dos monumentos resumen la historia de las dinastías gobernantes en Copán: la Escalera Jeroglífica del Templo 26, construida por órdenes del Señor Concha-Humo, y el Altar Q, donde están representados los 16 gobernantes que tuvo Copán.

El Juego de pelota, una de las estructuras mejor conservadas de Copán.

La escalera alguna vez contó con 72 escalones, de los que sólo sobreviven 30 en su posición original, y contiene la inscripción más larga de todo el mundo prehispánico, con un texto de más de 1 250 jeroglíficos.

➤ CHICHÉN ITZÁ: LA SERPIENTE DE LA LUZ

Esta ciudad, situada a 120 km de la ciudad de Mérida, en Yucatán, tuvo su primer apogeo en el Clásico tardío entre el 600 y 900 d. C. Después de este periodo, a partir de la migración de los itzáes, la ciudad tuvo un segundo florecimiento en 969 d. C.

Los itzáes llegaron a Chichen Itzá, entonces llamada *Uucil Abnal* (siete matorrales), para conquistarla. Su interés central por esta zona era la existencia de dos cenotes, el *Xtoloc*, que sirvió para el aprovechamiento del agua; y el sagrado, o de los sacrificios, que fue utilizado para el culto al dios de la lluvia, *Chac*.

En los equinoccios de primavera y otoño, la sombra de la escalinata de la pirámide de Kukulkán semeja una ondulante serpiente que desciende de la cúspide y entra en la tierra. Durante el transcurso del día parece que se oculta poco a poco.

Una muestra de la influencia tolteca es la base circular de *El Caracol* y el empleo de la bóveda, características poco comunes en la arquitectura maya.

La primavera traía el renacer de la vegetación. Los mayas, magníficos observadores de los astros, sabían que de la exactitud de sus observaciones dependía identificar la época más propicia para la siembra. Por eso, para seguir el curso de los astros construyeron un observatorio circular al que conocemos con el nombre de *El Caracol,* porque los pisos se comunicaban a través de una escalera en forma de caracol. Desde ahí miraban la salida y la puesta de los astros en las distintas estaciones. Su medición del año solar, de 365 días, era más precisa que la de las culturas asiáticas, europeas o africanas de la misma época.

ESCRITO EN EL CIELO

Desde tiempos muy antiguos y como resultado de sus observaciones astronómicas, los mayas establecieron sus dos calendarios, uno solar, al que llamaron *Haab,* de 365 días, organizado en 18 meses de 20 días, más 5 días nefastos llamados *Uayeb.* El otro, conocido como *Tzolkín,* era un calendario ritual de 260 días, donde cada uno de esos días tenía un signo y un número. Se usaba para indicar las fiestas de los dioses y para predecir el destino de los hombres.

El **Templo** de los Jaguares cuenta con un trono de piedra que tiene la forma de un jaguar estilizado, al que debe su nombre. Está adornado por hermosos bajorrelieves que cubren sus paredes internas de escenas mitológicas relacionadas con el ritual que se practicaba en este recinto consagrado.

➤ DATOS CURIOSOS

En el área maya habitan más especies animales que en todo el continente europeo.

Entre los estados de Chiapas y Tabasco se localizan las Montañas de Agua (*Sk'inalel Toljá*). Los mayas de la región las nombraron así porque dentro de ellas había más agua que rocas.

Según los antiguos mayas, dos personajes se encargan de cuidar las milpas: los *aluxes* y los *balames*.

Los **aluxes** andan con huaraches y sombrero y suelen llevar un perro muy pequeñito. Cuando todos duermen, los aluxes dejan sus escondites, recorren los campos, tiran piedras, juegan, y cuando alguien deja una hoguera encendida, forman una rueda y bailan alrededor. El menor de los ruidos los hace huir y ocultarse.

Los **balames** son como ancianos de largas barbas blancas y de rostro espantoso. Usan sombreros, ondulantes túnicas y sandalias. Son grandes fumadores. Se cree que las estrellas fugaces son las colillas de sus cigarros, arrojadas desde el cielo. Se comunican a través de silbidos fuertes y agudos. Aunque no tienen alas, vuelan a gran velocidad.

Los mayas solían colgar un hilo brillante cerca de los ojos de los niños, de esta manera, al seguir su vaivén, terminaban con estrabismo. Esa desviación de los ojos era signo de distinción.

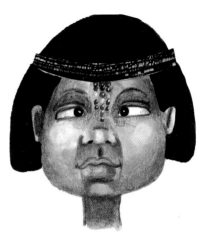

También se les amarraba, a los cuatro días de nacer, una tablilla en la frente y otra detrás de la cabeza, hasta que el cráneo del bebé se achataba. Esa deformación también era un signo de distinción.

La incrustación de trozos de jade en los dientes, así como la perforación de los lóbulos de las orejas y de la nariz, para adornarse con orejeras y narigueras, era usual, lo mismo que la pintura corporal y los tatuajes.

Aunque los cenotes (del maya *ts'onot*) parecen estanques, en realidad son depósitos de agua conectados a corrientes subterráneas. En épocas de sequía se sacrificaban doncellas para que pidieran agua a los dioses.

41

➤ ACTIVIDADES

ACTIVIDAD I

¡Haz tu propia máscara de gobernante maya!

Necesitas:

• Tijeras
• Pegamento en lápiz adhesivo
• 1/2 pliego de papel brillante verde oscuro
• 1/2 pliego de papel brillante verde claro
• Un trozo de 5 cm de papel lustre negro

Manos a la obra:

• Recorta la máscara por la línea punteada
• Recorta muchos trozos pequeños e irregulares de los dos colores de papel verde, y 2 de color negro
• Marca y dobla la máscara por donde indican las líneas
• Decora tu máscara pegando los trozos de papel
• Deja que seque y cuélgala donde quieras

La máscara está hecha con más de 200 placas de jade, cuyo color verde sugiere una relación con el ciclo agrícola y la renovación anual de la naturaleza; sus ojos fueron hechos de concha y obsidiana.

43

ACTIVIDAD 2

Los colores que se aplicaban a las fibras estaban relacionados con la clase social a la que pertenecían los pobladores mayas.

      rojo escarlata = poder

      morado y violeta = alta posición social

Los puntos cardinales eran representados con un color específico:

      Norte = negro

      Sur = amarillo

      Oriente = rojo

      Poniente = blanco

Extraían sus tintes de semillas, flores, hojas, raíces y tierras minerales, pero también de animales como la grana cochinilla y la púrpura de un caracol marino.

¡Haz tu propio sello de grecas mayas, para decorar lo que quieras!

Necesitas:

- Un pedazo de jabón en pastilla para lavar ropa
- Un bolígrafo
- Un pelador
- Un cojín para sellos con tinta del color que elijas
- Papel limpio para ser decorado o un pedazo de tela

Manos a la obra:

- Toma un pedazo de jabón
- Con el bolígrafo, dibuja sobre él la greca que más te guste
- Con la punta del pelador, saca todo el jabón que quede alrededor de tu diseño
- Moja tu diseño con la tinta del cojín para sellos
- Aplica tu greca entintada sobre el papel o la tela que elegiste

ACTIVIDAD 3

Pon a prueba tu agilidad mental y escribe las cifras a las que equivalen en sistema decimal los siguientes números mayas.

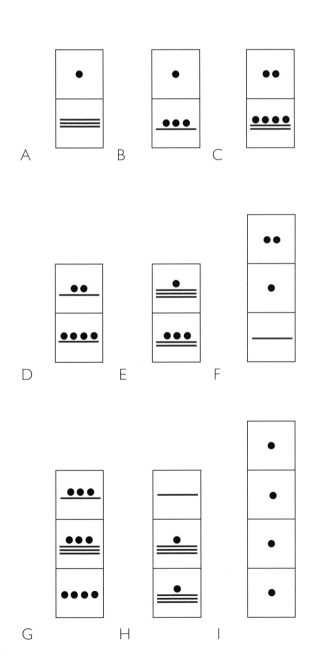

➤ GLOSARIO

alumbre: sulfato de aluminio y potasio; es una sal blanca que se encuentra en ciertas rocas. Se utiliza para hacer pigmentos, aclarar las aguas turbias y fijar el color en el proceso de teñido.

árbol de hule: árbol originario de México del que se extrae el caucho; para ello se le hacían incisiones en la corteza del tronco, y al pie del mismo se colocaba una vasija para recolectar la savia (hule) que de él escurría.

árbol de ramón: árbol grande de los bosques tropicales de México, Guatemala, Belice, Honduras, El Salvador, Nicaragua y Costa Rica. Sus semillas son comestibles y altamentes nutritivas, se mezclaban para hacer tortitas en época de escasez.

bajorrelieve: trabajo fino de la piedra en el cual las imágenes grabadas sobresalen apenas de la superficie.

bejuco: planta trepadora propia de regiones tropicales.

cabecera: ciudad principal que rige o administra a otras.

ceiba: árbol americano de 15 a 30 m de altura, de tronco grueso, ramas rojizas y flores rojas. Era el árbol sagrado de los mayas.

cenote: depósito natural de agua de manantial.

chicozapote: árbol americano de unos 20 m de altura, con tronco grueso y recto, de corteza gris verdosa y madera blanquecina.

chultunes: especie de depósitos o cisternas subterráneas que los mayas construyeron para abastecerse de agua.

códice: manuscrito prehispánico que narra, con pinturas y jeroglíficos, hechos históricos y culturales. Suele estar hecho con papel amate o pieles.

colapso: gran debilitamiento, destrucción, daño grave que lleva a la ruina.

copal: resina aromática que se obtiene de árboles de la familia de las Bruselráceas. Se utiliza para quemar en los rituales religiosos.

copó: nombre maya del árbol del amate, cuya corteza sirve para fabricar papel.

cuchcabal: jurisdicción o provincia. El *cuchcab*, en maya, era el consejo formado por los sacerdotes y los señores principales.

equinoccio: tiempo en que el día y la noche tienen la misma duración. En el año se presentan dos equinoccios, el de primavera, entre el 20 y el 21 de marzo, y el de otoño, entre el 22 y el 23 de septiembre.

estela: monumento de piedra que suele tener grabados o inscripciones que conmemoran algún acontecimiento.

El viaje a los Estados Unidos: La inmigración de 1840 a 1930

NIVEL X/60

INTRODUCCIÓN Y CAPÍTULO 1

Vocabulario

- Usar los sinónimos para determinar el significado de la palabra: *¿Qué significa la palabra **plaga** en este libro? Busquemos las claves para entender el significado de la palabra en la página 7.* (enfermedad de las plantas)

¡Encuéntralo! Nivel 1 Comprensión

- Identificar hechos y detalles: *¿Quiénes fueron los colonizadores de las trece colonias originales?* (británicos, holandeses, suecos y alemanes, pág. 6)
- Identificar hechos y detalles: *Desde la década de 1840 hasta la década de 1860, cerca del 80 por ciento de los inmigrantes se quedaron en...* (el noreste de los Estados Unidos, pág. 8)

¡Fíjate bien! Nivel 2 Comprensión

- Identificar causa y efecto: *Como resultado de la hambruna en Irlanda.... Usa una tabla de causa y efecto para contestar la pregunta.* (Más de un millón de irlandeses murieron de hambre; pág. 7)
- Identificar la secuencia de sucesos: *Los inmigrantes vivían cerca unos de otros para....* (poderse ayudar, pág. 9)

¡Compruébalo! Nivel 3 Comprensión

- Usar recursos gráficos para interpretar la información: *¿Qué puedes decir a partir de la gráfica de la página 3 sobre los años entre 1910 y 1920?* (Respuesta: La inmigración disminuyó durante ese período; Claves/Evidencia: La gráfica muestra que al principio de ese período el cantidad de inmigrantes era elevada. Menos personas inmigraron hacia el final de ese período.)
- Identificar idea principal: *¿De qué trata principalmente la página 10?* (Respuesta: por qué algunas personas no estaban contentas de la inmigración; Claves/Evidencia: Algunos estaban preocupados por sus trabajos; algunos inmigrantes trabajaban a cambio de salarios muy bajos; otros sustituían a sus trabajadores que estaban en huelga. Las diferencias religiosas también eran un problema.)

¡Sepáralo! Nivel 4 Comprensión

- Evaluar el propósito del autor: *La autora probablemente incluyó la gráfica en la página 3 para...* (mostrar cuántas personas emigraron a los Estados Unidos entre 1840 y 1930)
- Analizar la estructura y la organización del texto: *¿Qué estructura del texto usa la autora para organizar la información sobre la inmigración en la página 4?* (orden cronológico u orden de los sucesos)

CAUSA:
la hambruna en Irlanda

↓

EFECTO :
murieron más de 1 millón de personas

CAPÍTULOS 2 Y 3

Vocabulario

- Usar las descripciones para determinar el significado de la palabra: *¿Qué significan las palabras **proceso de registro** en este libro? Busquemos las claves para entender el significado de las palabras en la página 17.* (Los inmigrantes hacían largas filas para pasar por el proceso de registro. El primer paso era la revisión de sus nombres.)

¡Encuéntralo! Nivel 1 Comprensión

- Identificar hechos y detalles: *¿Cuándo aprobó el gobierno la ley de exclusión de los chinos?* (en 1882, pág. 21)
- Identificar hechos y detalles: *Los inmigrantes japoneses encontraron trabajo en...* (la agricultura, en pescaderías y en el ferrocarril. pág. 23)

¡Fíjate bien! Nivel 2 Comprensión

- Identificar causa y efecto: *Muchos polacos abandonaron su país para... Usa una tabla de causa y efecto para contestar la pregunta.* (escapar de largos años de servicio en el ejército, huir de la persecución religiosa y para no vivir bajo un gobierno extranjero. pág. 13)
- Identificar causa y efecto: *Debido a que llegaban cada vez más inmigrantes a los Estados Unidos...* (algunas personas comenzaron a exigir que se pusieran algunos límites a la inmigración, pág. 16)
- Identificar causa y efecto: *Una vez que la fiebre del oro terminó en la década de 1850, los inmigrantes chinos tuvieron que...* (buscar otros trabajos, pág. 20)

¡Compruébalo! Nivel 3 Comprensión

- Identificar idea principal: *El segundo párrafo de la página 20 trata principalmente de...* (Respuesta: el trabajo que hicieron los inmigrantes chinos en el ferrocarril transcontinental; Claves/Evidencia: unos 12,000 inmigrantes chinos para construir el lado oeste del ferrocarril. Ellos abrían túneles en medio de las montañas y colocaban rieles a través del ardiente desierto. Era un trabajo peligroso y muchos resultaron heridos o murieron.)

¡Sepáralo! Nivel 4 Comprensión

- Evaluar el propósito del autor: *La autora probablemente incluyó las ilustraciones en la página 13 para...* (mostrar lo terribles que eran las condiciones de vida para algunas de las personas que inmigraron.)
- Analizar la estructura y la organización del texto: *¿Cómo presenta la autora la información sobre el proceso de registro de los inmigrantes en la isla Ellis en la página 17?* (orden cronológico u orden de los sucesos)
- Analizar la estructura y la organización del texto: *La autora usa una pregunta para presentar la información. Da un ejemplo de la página 18.* ("¿Por qué habían inmigrado tan pocos?")

CAUSA:
largo servicio en el ejército

CAUSA:
persecución religiosa

CAUSA:
gobierno extranjero

EFECTO:
Muchos polacos emigraron.

CAPÍTULO 4 Y CONCLUSIÓN

Vocabulario

- Usar las descripciones para determinar el significado de la palabra:
  ¿Qué significa la palabra **visas** *en este libro? Busquemos las claves para
  entender el significado de la palabra en la página 29.* (documentos
  oficiales que les permiten entrar como estudiantes o trabajadores)

¡Encuéntralo! Nivel 1 Comprensión

- Identificar hechos y detalles: *Nikola Tesla nació en...* (Austro-Hungría,
  un antiguo país del este de Europa, pág. 24)

¡Fíjate bien! Nivel 2 Comprensión

- Usar recursos gráficos para interpretar la información: *De acuerdo a la
  línea cronológica de las páginas 28–29, ¿cuándo comenzaron los trabajos
  en el ferrocarril transcontinental?* (1863)

¡Compruébalo! Nivel 3 Comprensión

- Sacar conclusiones: *A partir de la información de las páginas 24–27,
  puedes concluir que...* (Respuesta: los inmigrantes hicieron
  aportaciones importantes a los Estados Unidos; Claves/Evidencia:
  Tesla artefactos eléctricos, Rockne se convirtió en un famoso jugador
  de fútbol colegial, los trabajadores de las fábricas hicieron de los
  Estados Unidos un país rico, Pulitzer fue un reportero famoso, los
  mineros de carbón extraían el carbón de la nación, Blackwell se
  convirtió en doctora y Bell inventó el teléfono.)
- Identificar idea principal: *La página 29 trata principalmente de... Usa
  una red de palabras para contestar la pregunta.* (Respuesta: por qué y
  durante qué tiempo llegaron la mayoría de los inmigrantes a los
  Estados Unidos; Claves/Evidencia: Algunos vienen por unos años;
  Otros se quedan por el resto de sus vidas. Todos vienen con el deseo
  de tener una vida mejor.)

¡Sepáralo! Nivel 4 Comprensión

- Evaluar el propósito del autor: *La autora incluyó la información en las
  páginas 24–27 para...* (mostrar las diferentes aportaciones de los
  inmigrantes que hicieron de los Estados Unidos una gran nación)
- Evaluar el propósito del autor: *La autora incluyó la línea cronológica
  en las páginas 28–29 para...* (mostrar las fechas importantes de la
  inmigración entre 1840 y 1924)

IDEAS PARA CONTESTAR PREGUNTAS RELACIONADAS CON EL TEXTO

Vocabulario	Vuelve a leer y busca claves que te ayuden a definir las palabras desconocidas. ¿Puedes encontrar un sinónimo, una definición, claves del texto o claves en las fotos o ilustraciones?
¡Encuéntralo! **Nivel 1 Comprensión**	Las respuestas están en el texto. Vuelve a leer para buscar los datos y los detalles para contestar las preguntas.
¡Fíjate bien! **Nivel 2 Comprensión**	Las respuestas están en el texto pero tal vez necesites buscar en más de un lugar para encontrarlas.
¡Compruébalo! **Nivel 3 Comprensión**	Vas a ser un detective. No vas a encontrar las respuestas exactas a estas preguntas, pero sí encontrarás claves y evidencias que justifiquen tus inferencias y conclusiones.
¡Sepáralo! **Nivel 4 Comprensión**	Cuando vuelvas a leer, pregúntate, "¿Cómo organizó el autor (la autora) la información? ¿Por qué escribió este libro?"

ISBN 1-4108-4141-3

9 781410 841414

glifos: signos de la escritura maya que representan sílabas o palabras completas. Suelen estar grabados en monumentos o pintados en cerámica o códices.

hilado: producción de hebras de hilo a partir de materiales textiles, por ejemplo, lana.

huarache: especie de sandalia tosca de cuero.

humedal: terreno de aguas superficiales o subterráneas de poca profundidad.

jícara: recipiente cóncavo de boca grande, hecho con la cáscara del fruto de algunos árboles.

liquidámbar: árbol grande de hojas aserradas de cinco puntas, también llamado "ococote"; produce una resina dulce y aromática que los mayas utilizaban para perfumarse el cabello.

maguey: planta vivaz, oriunda de México, con hojas o pencas carnosas y flores amarillas.

Mesoamérica: área que comprende gran parte de México y Centroamérica; en ella se desarrollaron culturas prehispánicas muy avanzadas que compartían rasgos comunes.

obsidiana: roca negra, llamada también "vidrio volcánico"; fue utilizada por los pueblos prehispánicos para tallar diversos objetos.

olmeca: pueblo indígena prehispánico que se ubicó en la región costera del golfo de México.

orejeras: piezas generalmente circulares utilizadas como adorno de las orejas por las culturas prehispánicas. Suelen ser de concha, hueso, jade o metales preciosos.

palo de tinte: árbol que llega a medir quince metros de altura, de tronco acanalado y retorcido, y flores de color amarillo. De la parte más dura del tronco se corta la madera que, al cocerse, daba cuatro colores: ocre, púrpura, azul y negro.

quiché: grupo indígena de lengua maya, ubicado en Guatemala desde el siglo VII. Actualmente vive en las montañas occidentales de Guatemala.

tamal: alimento hecho de masa de maíz, envuelto para su cocción al vapor en hojas de plátano o maíz.

tolteca: grupo indígena prehispánico que tuvo influencia en la zona central de México, donde estableció su capital en Tula.

urdido: colocación de los hilos horizontales que forman un tejido o una tela.